JN411868

수도꼭지의 노래

2025년 제52회 한국스토리문인협회
정기시낭송회 앤솔로지

수도꼭지의 노래

너에게 부탁하노니
바르고 바른 노래 가득히 불러주렴
진동 치는 괴성들을 식히기 위해
서릿발 같은 노래 천둥 치게 뿌려주렴

문학공원

차 례

차 례

참여작가

강장석 공미라 권영분 김가용
김경수 김귀란 김남식 김선영
김순진 김영숙 김욱이 김의숙
김종원 김태영 김형순 김희경
남희철 문모근 문정영 박관숙
박기선 박수길 박봉흠 박정현
신다회 양연준 오복환 이금출
이동재 이병옥 이옥순 이희경
임미정 장웅상 장태숙 전순옥
전하라 정소진 정춘식 정현경
조영래 주명희 최기종 최복숙
최지윤 하 은 하정자 함문평

바람의 인연

강 장 석

스치며 가는 바람
머물렀다 가는 바람

스치다 가는 바람은
너무 빨리 떠나는 바람이고
머물렀다 가는 바람은
조금 더디게 떠나는 바람이다

스치다 가는 바람은
인정도 모르는 차가운 바람이고
머물렀다 가는 바람은
잔정이 많은 부드러운 바람이다

스치는 바람이든
머물렀다 가는 바람이든
어차피 떠나야 하는
운명은 이미 정해져 있었다

더 이상 미련 두지도

서럽게 아쉬워하지도 말자
비록 헛된 다짐이겠지만

들꽃 향기 설렘 담아

공 미 라

갑자기 찾아온 그리움 하나
안 올 것만 같았던 마음이
밤새 비 맞고
향기를 움켜쥐더니

기어이 기지개 펴고
눈 비비며 온몸의 기를 한껏
쏟아낸다
세상의 욕심 다 버리고

새날 맞은 붉은 노을처럼
수줍음에 살며시
하얀 미소 띄우며
들꽃 향기 온몸으로 받아낸다

새롭게 태어난 너의 모습
온몸에 플로럴 향수 짙게 뿌리고
늘 만나던 카페 구석에 앉아
너의 노랫소리에 취해본다

우리 엄마 백세 생신날

권 영 분

우리 엄마의 삶은 과일가게 같았습니다
이 모양도 저 모양도 이 빛깔도 저 빛깔도 다 품어 오셨고
이 맛도 저 맛도 다 보시며 살아오신 분

우리 엄마의 삶은 예쁜 화원 같았습니다
꽃 모양은 다 다르고 그 향기 또한 다르지만
이 향기 저 향기 다 품고 살아 오신 분

우리 엄마의 삶은 깊은 우물 같았습니다
마르지 않는 샘물처럼 언제나 솟아나셨고
그 넘치는 사랑으로 살아오신 분

우리 사 남매를 사랑으로 키워 주셨고
늘 언덕이 되어주셨기에
그 품에서 행복했습니다

엄마 백세 생신을 축하드립니다
엄마의 일생을 존경합니다
고맙습니다 사랑합니다

파도

김 가 용

수없는 너울
소소리 바람에 처얼썩
의연히 서 있는 바위
무념히 어루만지며
밀려오는 하얀 포말
온몸으로 안는다

욕심과 허물
미움과 오해 날려버리고
미워하는 사람도
세월 지나니
모두가 사람임을
너에게 배운다

골목길 회상(수필)

김 경 수

내가 아파트에서 살기 시작한 것은 군 복무를 마치고 난 직후부터였다. 그 뒤 우리나라에서는 1990년대 중반쯤 되어 200만 호 이상 대량의 아파트가 건설되기 시작하면서, 다른 나라에서는 유래를 찾기 힘든 이른바 '콘크리트 공화국'이라는 특이한 주거문화가 자리를 잡게 되었다. 가수 윤수일의 '아파트'가 히트곡이 되었을 정도니까 오죽했을까. 오래된 단독주택단지가 재개발되어 헐리고 그곳에 지어지기 시작한 고층 아파트들.

명색이 서울의 사대문 안이라지만 내가 어릴 적 살던 집은 너저분하고 시끌벅적한 시장 어귀에 있던 이층집이었다. 실상 건물구조가 그렇다는 것이지 내부는 여느 단층집과 다를 바 없고 좁은 계단으로 올라선 이 층은 어찌 보면 옥탑방에 큰 차양을 둘러놓은 것처럼 어설프기 그지없었다. 화장실도 재래식이었으니 그때는 좋다는 생각이 들지 않았다. 물론 같은 세대의 다른 이들에 비하면 호화롭기 그지없을 테지만 말이다.

그때는 시내에 있던 학교를 걸어서 통학할 수 있었는데, 초등학교 6학년이 되는 해에 우리는 서울 변두리의 단독주택으로 이사를 나왔다. 그 집은 당시에 신식(?)으로 지어져 비록 연탄으로 난방을 했지만, 화장실은 수세식이었고 나름 새로 지은 집이었다.

우리가 막 이사를 하였을 때 그곳은 황토의 너른 땅에 몇 세대 되지 않는 집이 듬성듬성 있어서 우리 집 앞은 공터로 비어 그곳에서 친구들과 축구나 야구를 즐기기도 했다.

그러다가 시간이 지날수록 집이 하나둘 늘어나더니 언제부턴가 제법 집과 집 사이로 골목길이 생겨났다. 물론 길만 나 있지 콘크리트포장이 되지 않아 비만 오면 진흙탕 벌이 되어 신발에 황토흙이 뭉쳐 오가는 길이 만만치 않았던 기억이 지금도 생생하다.

나는 사춘기를 지나 군대에 가는 청년기까지 그 동네에서 13년을 살았다. 때로 고즈넉한 분위기를 풍기는 그 동네에서는 간혹 집집마다 퍼져나오는 생활 소음과 개 짖는 소리, 아이들이 떼 지어 재잘거리는 웃음소리가 끊이지 않고 방으로 들려오기도 했다.

학기 중에는 학교로 오가는 시간이 길어 자세히 둘러보지 못한 골목길은 방학이 될 때면 여유가 생겨 이모저모가 드러나 보이기 시작했다. 그리 높지 않은 담장으로 넘어온 장미 덩굴이나 키 큰 목련의 꽃들이 연출하는 화사했던 풍경들, 그리고 적적한 시간이나 해거름 녘에는 자전거를 타고 천천히 이 골목 저 골목을 누비며 여가를 보내는 일이 생긴 것이다. 그곳에서는 초등학교 때부터 야구를 좋아했던 형이 연습 삼아 던지는 야구공을 하루에 수백 개나 받아냈던 추억, 아닌 곤욕을 겪기도 했다. 야구부원이었던 했던 형이 던지는 공이 얼마나 빠른지 '쉬익~'소리를 냈고 내가 캐처글럽으로 받으면 손이 얼얼할 정도였다. 그때마다 '펑펑'거리는 소음이 골목길에 울렸는데, 해가 지기 시작하면 공이 보이지 않아 그냥 옆으로 피해버리기도 했다. 그러면 지나가던 개가 맞았는지 '컹컹'거리는 소리가 멀리서 들리고 형이 왜 피했냐고 핀잔을 주면 나는 차마 무섭다는 말은 못 하고 얼버무리던 기억들이 지금도 잊혀지지 않는다.

그러던 골목길에 1990년대 초반 서울의 도로 포장률이 85%를 웃돌기 시작하면서 콘크리트포장이 깔렸다. 한편으로는 불편하기는 했지만, 신발을 신었을망정 그래도 맨땅을 밟을 수 있었던 경험이 없어져 아쉽기도 했다. 그때부터 포장된 길만 밟고 살게 되었기 때문이다.

그런 운치 있는 자연과의 격리는 시간이 흐르면서 정서와 추억거리를 더 이상 만들어주지 않았고 더구나 내가 어른이 되면서 '골목길 놀이'는 시시하게 느껴져 버렸다. 결국, 도시는 단독주택단지를 밀어버리고 아파트 단지를 세우면서 '골목길'은 사라지고 말았다. 나도 편리를 추구하며 아파트에서 사는 것을 더 선호하게 되었고 모두가 그것을 '상실'이라고 생각하지 않으며 '개발'이라고 생각하는 시대에 편입되었다.

어릴 때 시골에서 전학 온 친구에게는 자신이 살던 동네와 신식 단독주택단지를 비교하면 그것은 상상을 초월하는 세계였을 것이다. 그처럼 지금 아파트 단지에서 태어나고 자라온 아이들에게 내가 살던 동네를 이야기하면 어떻게 받아들이고 이해할지 씁쓸한 미소가 지어지곤 한다.

그래서일까. 지금은 그 골목길이 그립다. 기억 안에서 존재하지만, 눈을 감고 그때를 회상하면 그 골목 하나하나가 세세한 풍경으로 떠오른다. 유유자적하게 최대한 천천히 자전거의 페달을 밟으며 이 골목 저 골목을 돌며 사색에 잠겼던 그 시절의 소소한 일상이, 때로 간절히 소환되는 것은 그만큼 내가 늙어가고 있다는 것을 방증(傍證)하는 것일까. 설혹 그렇다 할 지라도 내 정서 깊은 곳에 '골목길'이 항상 존재한다는 것만은 부인할 수 없을 것이다.

돌아보면

김 귀 란

봄날은 가고 다시 오는데
헐거워진 몸은 휘청거리고
비어가는 가슴엔 신음같은 바람이 분다

그래도 무겁기만 하던 세상을
반쯤 걷어내니 홀가분하고
비어 있어도 가득해지는 날도 있어
아무것도 아니었다가
문득 전부가 되기도 하더라

돌아보면
가쁜 숨 몰아쉬며 달려왔던 그 길은
진짜 길이었을까
넘어지지 않으려고 돌부리에 채이고
덤불 속에 갇혀도
돌아보지 못했던 발자국들은
어디쯤 남아있을까

그땐 몰랐던
허물어져 사라져간 소중한 것들이
때로는 아쉽고 쓸쓸하지만
남은 날들의 단조로운 일상을 모아
내가 떠나는 날
함께 가져갈 기억들로
가슴 떨리는 아리아를 연주하리라

꽃등

김 남 식

꽃이 피는 봄이 되니
불을 켜지 않아도 좋겠다
은은한 꽃등이 어디에나 있으니까
온몸은 꽃잎에 덮여서
꽃향기에 잠들 테니까

이제 그리움은 없겠다
밤이면 꽃 내음이 창문을 넘나들며
가슴을 적시어 주면은
그리워서 잠 못들 날은 없을 테니까

꽃들이 제멋에 화사하게 놀다가
크레온 물감으로 사방을 물들여주니
세상은 별처럼 아름답고
마음은 풍선처럼 부풀 것이다

왕숙천을 바라보며

김 선 영

본래 세상에 태어날 때 한 점 티 없이 태어난 그는
꽉 찬 것도 텅 빈 것도 숨길 줄 모르고 삶을 살고 있다
살아오면서 성냄도 화해하는 법도 배웠다

산다는 것이 항상 좋은 일만 있으랴
흐르다 깨어져 부서지기도 하고 울어질 때도 있지 않은가
그러나 혼자 울 뿐 아무에게도 탓해 본 적은 없다
누가 길을 막으면 돌아갈 뿐 머물진 않았다

부드러운 성품이지만 순리를 거슬러본 적도 없다
스스로 정화시키며 당당한 삶을 살고 있는 그
언젠가 대하로 가서는 무지개를 타고 하늘로 올라가
세상구경 다하다 다시 환생할 때
세상에서 가장 아름다운 무지개로 피어나리라

왕이 자고 갔다고 해서 붙여진 이름 왕숙천
그는 자고 간 왕만큼이나 내공이 깊어
늘 낮은 곳으로 흐르는 그는 침묵의 수행자다

왕숙천 흐르는 물을 바라보니
그가 나와 닮은 점이 많다는 걸 느낀다

집구석

김 순 진

어릴 적 엄마는 자주 연장을 빌리러 갔다
채칼 한 개 사기 힘든 가정형편에
말도 빌리러 가고
되도 빌리러 가가
가끔 체나 키를 빌려오기도 했다

아버지는 탈곡기를 빌려다 콩을 떨거나
홀태를 빌려다 덜 익은 벼를 훑기도
쇠불알저울을 빌리기도 했다
가끔 흙손을 빌리기도 하고
도리깨는 상습적으로 빌리는 물건이었다

그럴 때면
우리 집은 안방이나 마루 광 할 것 없이 모두 집구석이 되었다

그 집구석은 그까짓 채칼이 몇 푼이나 된다고 날마다 빌려달리는 거야
그 집구석에만 들어가면 안 나와

그놈의 집구석 보기만 해봐라

아버지 엄마 동생에 나까지도 모두 싸잡혀서 집구석으로 불렸다

그때 빌리려 했던 물건을 모두 살 수 있게 된 지금
집구석 소리가 그리운 건 왜일까

집구석은 가난의 비하적인 말이 아니라
화목함에 침범 못할 여섯 식구의 요새였던 것이다

한마음 한뜻

- 신 애국가

김 영 숙

1.
동서양이 하나 되어 평화를 누리자
오대양도 건너가자 손잡고 가보자

세상아 길을 비켜라 한글이 간다
IT 한국 가는 길에 문명이 있다

2.
오천만의 오랜 역사 세계로 미래로
앞서가는 우리나라 넓은 뜻 세우고

세상아 길을 비켜라 한글이 간다
IT 한국 가는 길에 문명이 있다

3.
첨단기술 자랑일세 내 나라 내 민족
세상 물결 몰아쳐도 한뜻과 한마음

세상아 길을 비켜라 한글이 간다
IT 한국 가는 길에 문명이 있다

4.
한라산도 백두산도 밝은 빛 솟아라
지구촌이 하나 되어 영원히 흐르다

세상아 길을 비켜라 한글이 간다
IT 한국 가는 길에 문명이 있다

술

김 욱 이

그를 생각하면
제일 먼저 돌아가신 아버지가 떠오른다
아버지는 그를 너무나 좋아하셔서
즐거울 때나 괴로울 때나 위안을 삼으셨다
내 나이 24살에 계란 담배 장사를 시작해서
29살에 돌아가실 때까지 아버지는 그를 너무 좋아하셨다

가게문을 닫으면 아버지는 그를 만나기 위해
지영갈비 순대골목 전주옥 등에서 2차 3차를 하셨다
어머니와 내가 만류해도 그렇게도 그를 좋아하시더니
54살에 그만 암에 걸려 55살에 하늘나라에 가셨다

돌아가실 때 회개하시고
부족한 나에게도 사과하고 떠나셨다
그러나 세월이 많이 흐른 지금에야
아버지의 사랑을 깨닫게 된다

오늘따라 문득 가수 영탁의
'막걸리 한 잔' 노래가 생각난다

통나무집 창가의 그녀

김 의 숙

대지가 어두움으로 범람하고 있다
야옹야옹, 모두가 잠들어 고요한 이 밤에
골목에서 그녀가 밤을 등에 업고 사냥을 나선다

안락한 잠자리에 들어간 참새 박새
직박구리도 피곤한 날개를 접고
별들이 들려주는 자장가 들으며 꿈나라 여행 중이다
생쥐 개구리 두꺼비도 꼭꼭 숨었다
반짝반짝 동그란 두 눈이 더 커진다
두 귀가 연신 쫑긋거린다
꼬리를 꼬아 올리며 야옹거린다
높다란 은행나무 우듬지에 지은 새 둥지를 노리며
밤이 깊어가는 줄도 모르고 오르락내리락 나무를 탄다
체리나무가 메마른 몸을 비틀며 기지개를 켠다
밤새워 온 동네 순찰 중이던 장난꾸러기 그녀

동그란 눈이 반쯤 감기어 졸린 눈 껌벅일 때
동쪽 문수산성 너머로 피어나는 진홍색 여명이
강화대교를 건너면서 날이 밝는다

뽕나무 위로 올라가 창문을 두드리며
모닝콜을 보내며 아침 인사를 건넨다

* 모란시장에서 입양해온 반려묘로 이름은 모란이다. 우리 강화도 집에 듬직한 파수꾼이다.

고향의 은덕(恩德)

김 종 원

낙동강 건너편에는 신령한 무척산이 있어
수로왕이 금관가야를 세웠다
그 직손은 뗏목을 타고 강을 건너
삼랑진에 터전을 잡았다
유장한 역사의 강물은 뜨거운 혈관을 의연히 흐르고
달빛 어린 광활한 풍광은 정결한 시심을 불러준다
삼랑조창*이 즐비했던 나루터에서
나는 농부의 아들로 태어나 가당찮은 꿈을 품고 자랐다
한창때는 물비늘에 잠긴 찬란한 전설을 캐며
사상의 나래를 펴고 창공을 날고 싶었다

부모님이 다 돌아가신 후 뒤늦게 외로움을 알았다
조혼했으면 할배가 될 나이에 서울에서 첫선을 보았다
미심쩍어하던 처녀와
그 어머니는 내 고향을 탐문하러 왔다
동네 꼬마들이 낙동강 철교에서
다이빙하는 총각 대장이라고 알려주었다
그녀는 겁도 없는 사람에게 시집을 올까 말까 망설이며
동네 뒷산을 바라보았다

아늑한 양달에 흐드러진 복사꽃이 어서 오라 손짓하길래
시집오기로 마음을 정했단다

* 삼랑조창 : 1761년(영조 41년)에 세곡을 중앙 경창으로 운송하기 위해 삼랑진에 설치한 미곡 창고.

메주 향내 나는 사람

김 태 영

자그마한 사람…
나이는 들어 보이지만
노란 콩처럼 단단한 메주 향내 난다
명륜동 골목길…
한 평 남짓한 길거리 모퉁이 땅에
그는 낡은 구두를 손질 하고 있다

아저씨 〈들풀〉이란 곳이 어딘가요?
깊숙한 골목이라며 찾기가 어렵다며
바쁜 일손을 놓고 따라오라며 손짓을 한다
그렇게 날 안내해 주고는
인사할 틈도 없이 유유히 가버린다

어두운 골목길 밝혀주는 등불처럼
헤진 구두를 다듬어 고쳐주는 그 사람에게
향수보다 구수한 메주콩 향내가 난다.

* 〈들풀〉은 식당 이름입니다

간밤의 아이

김 형 순

이리저리 온몸을 뒤척인다
시야가 어둡다
반쯤 잠긴 눈은 대리마을 고향 집으로 내달린다
앞 뒷산 온통 진달래가 만개한 마을

학교 다녀온 아이가 가방을 집어 던지고
친구 옥이와 머리핀 따먹기 놀이에 한창이다
붉은 태양이 서산 너머로 퇴근하기 일보 직전
밥 먹자!
엄마의 목소리가 부메랑되어 골목길로 되돌아간다
캄캄해질 때까지 놀아 버린 아이
다음날에도 친구들과 운동장에 모여 땅따먹기하다가
혼날까 봐 마음은 두 근 반 서근 반으로 졸아 있다

어둠의 터널로 서서히 빠져드는 시간
새벽이 쉬이 오는 줄도 모르고
과거로의 여행에서 되돌아온 새벽
낮에 마신 커피를 원망하다가
긴 밤 하얀 여명을 맞이하고 있는 아침이다

눈 씨앗

김 희 경

망연히 숙인 고개를 들어
끝없이 높은 하늘을 우러르며
지고지순한 함박눈을 겸허히 맞이한다.

하염없이 내리는 하얀 눈은
온갖 풍상에 얼룩진 세상을
포근히 감싸주고,
메마른 세상 물정에 스며들어
촉촉한 활기를 불어넣어 준다

솜털처럼 부드러운 흰 눈은
겨우내 얼어붙은 땅속 깊숙이
뿌리를 내려 눈 씨앗을 심는다

너른 동토에 뿌려진 눈 씨앗은
푸석한 대지를 사르름 적시고,
세상의 지반에 생명의 물꼬를 터준다

비로소 봄볕이 깃든 대지에
아지랑이 피어오르고
물오른 나뭇가지에
어여쁜 새순이 돋아난다

동주유감(東柱有感)

남 희 철

바다 건너 먼- 이곳은 남의 나라
카모가와(鴨川) 강변을
따라 내려와 다리를 건너면,
그가 다니던 대학교정
육첩방보다도 작은
그의 시비(詩碑) 앞에서
시인을 만난다

이제사 찾아온 미안한 부끄러움에
눈을 감고 가만히 기다린다
나는 무엇을 찾아 외국엘 왔는가
세월이 흘러 그가 거닐던 이 교정엔
이젠 강의를 들으러 갈 늙은 교수도
시인도 없구나

그저 스쳐 가는 바람결에
안타까운 마음을 모아
꽃이 되고 펜이 되고 소주가 되어
시인의 영혼을 불러본다

당신은 어느 곳에 있는지요
당신은 멀리 북간도에 있는지요

마지막 동무들과
소풍을 갔던 우지 강변
아마가세 다리 위에
시인을 만나러 간다
아마 이만큼쯤이었으리라
그가 서 있던 자리가

가슴 한켠이 먹먹해져 온다
가만히 눈을 감고 있으면
여기서 그가 불렀던
아리랑이 들려올 것만 같은데

풍경은 그대로인데
다리 밑으로
무심히 흐르는 저 강물은
그를 기억하고 있을까
그를 기억하는 강물은

이미 오래전 흘러가
바다를 만났으리라

터벅터벅 돌아서 오는 길에
시인의 하숙집을 지나 내려오면
시모가모 경찰서
그가 체포되었던 이곳마저도
이젠 안타까운
그리움의 대상이 되었구나

계절이 지나가는 길목에서
시인의 하늘을 바람을 별을
그리고 시를
만나고 싶다

꽃절

문 모 근

꽃이 절을 합니다
마음을 다지며
모두의 것이었다고
내 것이기 이전에

고맙다는 절입니다
쓰다듬고 예뻐해 줘서

꺾이는 꽃을 봅니다
사람의 소유욕을 견디며

꽃이 절을 하고 있습니다
강변 작은 길에서

술의 둠스데이

문 정 영

매일 술을 조금씩 먹고 자랐다

서른 마흔 나이 먹으면서, 좁은 이마에 띠를 두르고 달리기하면서

술병 뒤에 숨어 독작하였다

어떤 것이 사라질까 두렵지 않다, 술잔에 이야기하였다

폭음을 싫어한다는 말에 꽃잎이 혼자 웃었다

지구의 종말은 비둘기가 먼저 알 거야

뱉어놓은 술 찌꺼기를 가장 많이 먹는 짐승은 위대하니까

간에 자라는 물혹들이 가끔 물었다

내가 자란 만큼 술은 사라졌는가, 아니 빙하가 녹는 속도를 묻는 게 더 빠를지 몰라

불안한 공기를 뱉으며 키가 줄었다

몸속에 들어와 숨쉬기 곤란한 질문이 이별이었을까

저녁을 감싸고 있는 술잔들이 따듯해졌다

좀 더 놓아버릴 것들을 찾아야겠다고 실언했다

더는 당신이라는 말을 술병에 담지 않겠다고

자정 지나 혼잣말하곤 했다

목련에게 배우다

박 관 숙

백설을 이고 지고 칼바람도 무릅쓰고
꽁꽁 언 발 동동 구르며 묵묵히도 잘 견뎌낸 목련아
청평성당 마당에서 많은 교우들 오고 갈 때
늘 인사를 하는 너를 모르쇠로 지났구나
주일마다 네 앞을 오가면서 아무런 관심 없이
손짓하는 너를 보고도 무심코 지나쳤구나
따스한 햇살 앞에 솜털 달고 몽웰 통통이 되어 손짓하는 네게
발걸음 멈춰지고 환호성이 절로 나오는 순간이다

비로소 널 바라보며 네게 한 수 배운다
인고의 아픔도 참고 견디면 너처럼 웃을 수 있는 것을

가야만 하는 길

박 기 선

열여덟에 아버지 손 잡고
이웃 동네에서 시집 와서
일찍 떠난 남편 일이
내 일이 되어 딸 넷을 홀로 키우셨지

살아온 날들을 소설로 쓰면
책 열 권도 넘을 거라고
늘 입버릇처럼 말씀하시던 어머니가
93세에 하던 일들을 멈춰 버렸다

가야만 하는 길인가
천안시 풍산공원묘원에
짐 같았던 몸을 누우시고
모처럼 편한 잠을 주무시네

* 어머니는 천안시 풍산공원묘원 목화 2단지 16열 50호에 계십니다.

꽃밭에서

박 수 길

어느 해 저녁이었어
아버지는 아궁이에 장작불을 넣어 여물을 끓이고
엄마는 부뚜막 위에서 도마를 똑딱거리며 밥을 짓고 있었어
불꽃이 이글거리며 빰을 구워댔지
그 사이 아버지는 여물을 퍼 가지고 외양으로 가시고
나는 그 틈에 얼른 들어가 아궁이 앞에 앉았어
타닥타닥 장작이 타들어 가는 소리
나는 불꽃을 보며 꽃밭을 향해 걸어갔어
수길아, 이것 좀 먹어보련
엄마는 고무래로 알불을 끌어당기고
석쇠 위에 얹었던 돼지고기에 훌훌 굵은 소금을 뿌리셨어
두툼한 육즙이 입안을 돌았어
천국을 맛보았지
나는 꽃밭 앞에 앉아 있었던 거야

장작불이 사그라지고 난 후
나는 꽃밭에서 나와야 했어
아, 지금도 그 생각만 하면 나비가 날아다녀

서울을 엿보다

박 봉 흠

화창한 날 옥상에 올라갔습니다
7층, 앞이 훤히 트여 있습니다
저 멀리 마주 보이는 인왕산 도봉산 수락산이
서울시를 감싸 안은 듯 병풍처럼 둘러쳐져 있습니다
등 뒤로 용마산이 가까이서 시내를 바라보고 있습니다

인왕산은 도봉산보다 키가 작습니다
도봉산은 수락산보다 키가 큽니다
수락산은 인왕산보다 키가 큽니다
수락산 도봉산보다 인왕산이 더 멀리 있습니다
키가 큰 도봉산 오른쪽엔 키가 작은 인왕산이 서 있습니다
키가 도봉산 왼쪽엔 인왕산보다 키가 큰 수락산이 서 있습니다
도봉산은 인왕산을 우 청룡 수락산을 좌 백호로 어깨동무하고 있습니다

그들 산 앞에는 서울시의 아파트 빌라 단독주택들이
빈틈없이 꽉 차 있어 숨이 막힐 것만 같습니다
그러나 인왕산 도봉산 수락산 위로 끝없이 푸르른 하늘이
가슴을 활짝 열어 흰 구름을 몽실몽실 띄우고 있습니다
더위가 달아난 듯 체중이 내려간 듯 시원합니다

저녁노을이 서쪽 인왕산을 너머
장밋빛 립스틱 바르고 나타납니다
그리고 진보라 느린 춤사위로 우주를 향해 날아갑니다

* 오규원 「해와 미루나무」 패러디하다

수도꼭지의 노래

박 정 현

고함 함성 붉은 화마의 휘갈김 소리
소리들이 가슴을 움켜쥐는 날
상쾌한 합창 소리 들린다

반주도 없이 흐르는
시원한 소리가 경쾌하고 아름답다
어디서부터 실려 온 음률인가

어디에서 시작해
그 먼 길을 찾아 여기까지 왔는지
작은 나의 손끝에 머물기 위해
얼마나 많은 노래를 합창하고
얼마나 많은 숨을 속닥이며 여길 왔을까

인연 찾아 수만 리 길 찾아왔건만
눈길 한번 제대로 받지 못하고
또다시 어디론가 그 연을 찾아 떠나려나 보다

너에게 부탁하노니
바르고 바른 노래 가득히 불러주렴
진동 치는 괴성들을 식히기 위해
서릿발 같은 노래 천둥 치게 뿌려주렴

화전(花煎)에 쓰는 봄엽서

신 다 회

삼월 삼짇날
애지중지 자식 사랑으로 구워낸
어머니의 화전은
입안에 아련이 피어오르는
소망 메시지이었다
봄꽃들이 춤추며 은하수 따라가는 날
어머니 몸에 밴 구수한 냄새도
검은 연기와 함께 하늘로 올라갔다

어머니
드디어 봄이 왔어요
그곳에 제비꽃 피었지요
노랑나비도 날아왔지요

콩닥거리는 심장이
연분홍 바람을 쫓아간다
그녀와 마주친
가장 완벽한 순간
양심의 손은

삶과 죽음을 오고 가다가
꽃을 꺾지 마시오, 라는 푯말을 보지 못하는
봉사가 되고 말았다

일 년에 한 번 꽃도둑이 된다
그리움 온도가 뜨겁게 달궈진 팬에
하얀 쌀가루 곱게 빚어
진달래 얹고 기름 두르면
꽃향기 머금은 화전이
엄마처럼 웃고 있다
달콤한 꿀을 먹은 화전 엽서에서
슬픔이 뚝뚝 떨어진다
세월도 뚝뚝 떨어져 간다, 에서 보냈습니다

가난한 이름에게

양연준 낭송 / 김남조 시

이 넓은 세상에서
한 사람도 고독한 남자를 만나지 못해
나 쓰일모 없이 살다 갑니다

이 넓은 세상에서
한 사람도 고독한 여인을 만나지 못해
당신도 쓰일모 없이 살다 갑니까

검은 벽의 검은 꽃 그림자 같은
어두운 향로
고독 때문에 노상 술을 마시는
고독한 남자들과

이가 시린 한겨울 밤
고독 때문에 한껏 사랑을 생각하는
고독한 여인네와

이렇게들 모여 사는 멋진 세상에서
얼굴을 가리고 고독이 아쉬운 내가
돌아갑니다

불신과 가난
그 중 특별하기론 역시 고독 때문에
어딘지를 서성이는 고독한 남자들과

허무와 이별
그중 특별하기론 역시 고독 때문에
때론 골똘히 죽음을 생각하는 고독한
여인네와

이렇게들 모여 사는 멋진 세상에서
머리를 수그리고 당신도 고독이 아쉬운 채
돌아갑니까

인간이라는 가난한 이름에
고독도 과해서 못 가진 이름에
울면서 눈감고 입술을 대는 밤

이 넓은 세상에서
한 사람도 고독한 남자를 만나지 못해
나는 쓰일모 없이 살다 갑니다

이륙하는 날개에게 (시조)

오 복 환

여행을 꿈꾸며 설레이는 내 마음
내 마음은 벌써부터 그곳에 가 있다
바쁘게 짐을 챙겨서 공항을 향한다

새벽의 공항철도엔 사람들로 붐빈다
저마다 어디론가 떠나는 여행자들
무거운 짐을 들고서 신나 하는 모습들

일상생활과 떨어지면 비로소 내가 보인다
왜 그리도 바쁘게 살아가고 있는지
무엇을 누구를 위해 살아가고 있는지

살면서 이런 설렘 언제나 있었는지
작은 일에 딱딱해진 마음의 조각들
어릴 적 소풍 가기 전날 설레던 그 마음

희미하게 떠오른다 잔잔한 일상들
이륙하는 날개는 희망을 차오른다
자그만 행복이 모여 인생을 채우는구나

봄날

이 금 출

봄 향기가 열리고 작은 어선들이 있는 대명포구에서
각설이 트롯소리에 엿가락을 사며 흥겨워 맞장구를 치고
싱싱한 생전시장으로 들어서자 내 내장은 팔딱거렸다

어머나! 여기 홍어 웃고 있는 얼굴 좀 봐, 커다란 물텅벙이, 병어
꽃게와 조개들 합창으로 내 발목을 잡았다
쫄깃한 아나고와 모듬회, 조개와 홍합 보인 국물에 들어간 칼국수
손녀도 거침없이 후루룩, 이층 식당에서 바라보는 바다가 보이는 풍경
입맛에서 봄 향기를 찾아오니 갈매기가 은빛 물결에 노래를 불렀다

새우깡 갈매기에게 주며 손뼉을 치며 좋아하는 손녀를 아들 내외는
사진으로 남기고 이른 봄이 주는 싸한 바람이 선물처럼 향기롭다

가자미 식혜가 드시고 싶다는 사돈댁에 해드리려고 창을 보아
좁쌀밥에 무를 썰어 절이고 생선과 고춧가루, 마늘과 생강
사랑 한 스푼으로 간을 맞추었다

저녁상에 양념으로 버무린 꽃게무침
쑥과 도다리를 넣고 쌀뜨물에 된장을 저어
봄에만 맛볼 수 있는 향기를 먹으며

봄날 멀리 떨어져 사는 딸을 그리워하고
쪽빛 바닷물이 넘실대는 제주에 사는 오빠 집이 생각난다

버려진 호미 한 자루 (시조)

이 동 재

거미줄 주렁주렁 걸린 마당 한 귀퉁이

호미 한 자루가 제 몸에 바람을 새기고 있다 반질하게 윤기 나던 나무 손잡이의 먼지 낀 눈동자로 잡초 크는 것을 바라보고 있자니 복장이 터질 지경이다 당장이라도 잡초의 머리채를 붙잡고 단단한 엉덩이를 흔들고 싶은 마음에 피가 마른다 쉼 없이 밀려가는 시간 속에서 앞마당 뒷마당은 망각의 세상이 되어간다 대문 옆 대추나무도 기다림에 지쳐 침침한 눈으로 열매 달기를 잃어버렸나 보다 늙은 주인에게 늘 쪼그려 앉아 잡풀을 뽑으라며 등을 떠민 미안한 마음을 잡풀 속에 숨긴다 폐허의 속도보다 빠른 그녀의 그리움은

호미의 날 위 더께로 내려앉은 아버지

숨을 고르는 겨울

이 병 옥

운동 다녀온 남편이
내 앞에 내민
하얀 종이봉투 하나
김 서린 그 속엔
금빛 붕어가 가지런히
숨을 고르고 있다

천 원에 세 마리,
아홉 마리다
삼천 원이면 한 마리는 덤인데 덤이 없다
"하나 손해잖아"
말끝에 새어 나온 내 마음
"한 마리 덜 먹으면 되지, 뭘 그래"

그 말에
내 마음이 먼저 녹아
붕어 한 마리 입에 넣는다
달큰한 팥소가
입 안에서 천천히 퍼지고

그의 온기가

오래된 추억처럼 나를 감싼다

* 2021년 겨울엔 붕어빵이 1,000원에 3마리였다. 3,000원이면 한 마리 덤도 얻었다.

동전

이 옥 순

위인들의 얼굴을 매일매일 만지면서
꿈을 꾸어 보아라
지폐 위에 내 얼굴은 언제쯤 나타날지 상상해 보아라

나누어 주어도 주어도 한이 없네
동전 한 잎을 감추면 그대로인데
나누어주면 차고도 넘친다

알몸으로 태어나 세상 모든 것을 다 얻었네
부모로부터 받고 이웃으로 받아
어느 세상에 던져져
주는 법 받는 법 배우며 따라 했더니
부메랑 되어 돌아온다

대동강 물이 풀려 한강으로 흘러흘러
골을 따라 마을마을 농토에 들어가 일용할 양식되고

우리나라 사계절 춤추는 동산
다윗이 춤추다
옷이 내려간 줄도 모르고 신나게 춤추네

궁금한 고향 소식

이 희 경

내 고향은 서울 후암동이지만
그때는 시골이나 다름 없었다
산모퉁이 돌아서 달려오는 기차 소리가
아침을 열면 내 고향의 하루가 시작되었지

쑥 캐어 한 바구니 담아놓고
철길 위에 피어오르는 아지랑이 잡으려고
살금살금 다가가다 깔깔깔 함께 웃던
소꿉친구들은 모두 어디로 갔을까

주택가에서 조금만 나가면 논밭이 있고
쉼 없이 소달구지가 지나가곤 했지
가을바람 벼 이삭 흔드는 사사삭사사삭 소리에
긴 모가지의 코스모스가 노래를 불렀지

장춘단 공원으로 남산으로 몰려다니던 친구들
땅따먹기하던 친구는 어디서 살까
술래잡기하던 친구는 뭘하며 살까
책상에 금 긋고 넘어오지 말라던

얼굴에 버짐 피던 그 아이도 어른이 되었을까

어디선가 살고 있을 옛 친구들이
남산의 소나무만큼 그리워지네

내 사람들을 위한 기도

임 미 정

내 사람들을 위해 기도하자
현재 내 옆에 있는 사람
남편과 아이들
부모와 친구들
그 사람들은 내가 힘들 때
비빌 언덕이었고
어둠 속에서 방황할 때
어둠을 밝히는 촛불이었다
힘겨움과 미움을 내게서 가져가준 인연들
나의 모든 것을 사랑으로 보듬어준
사람들을 위해 기도하자
내 입술을 통해 그들의 행복이 다가올 수 있도록
그들을 칭송하자
사랑은 모든 것을 치유할 수 있는
최고의 명약
행복이 들어올 수 있도록
마음문을 활짝 열고 기도하자

대한극장

장 웅 상

나는 매일 다양한 사람들을 만납니다
나를 만나러 올 때 콜라와 팝콘은 선택이 아닌 필수입니다
휴식이 필요하시면 언제든 저를 보러 오세요
아침부터 심야까지 여러분을 기다릴게요
나와 만날 수 있는 시간은 대략 두 시간입니다
나를 만날 때에는 잡담 절대 금지이고
휴대폰은 잠시 꺼두셔도 좋습니다
잠시 산정상에 오셨다고 생각하세요

때로는 여러분께 웃음도 드리고
때로는 여러분께 눈물도 드릴게요
태어나서 처음에는 말을 잘 못 했어요
내가 하고 싶은 말을 대신해주는 사람이 있었어요
내게도 기적이 찾아왔어요
내가 말을 하기 시작했어요

나는 불빛을 별로 좋아하지 않아요
나를 보러 연인들이 팔짱을 끼고 많이 오시네요

나와의 면회시간이 끝나면 제가 자막을 띄울게요
내 이야기에 귀를 기울여 주세요
이야기가 끝나도 질문은 받지 않을게요
여러분의 눈동자 속에서 나는 항상 답을 찾습니다

나와 만나는 시간이 끝나도 바로 나가시지 말고
잠시 의자에 앉아계시다가 가세요
기립박수도 환영합니다
다음에는 더 좋은 모습으로 찾아뵐게요
기대하시라 개봉박두
Coming soon

영산홍 고모

장 태 숙

꽃구름 머리에 이고 하늘길 걷던 날
연분홍 붉은 봄 곱게 피네
밤마다 담장 밑에서 뻐꾹뻐꾹 우네
뻐꾸기 울 때마다 밥맛이 없다던 그녀
아무도 모르게 신발을 들고 살금살금 까치발 딛고 부엌 뒷문으로 나가네
뒤뜰 담장 밑기척에 아버지는 모르는 척
웃음 지으시고 고개를 끄덕이시네

그런 그녀가 시집을 간다네
외투 원피스 구두 혼수품이 들어오네
소녀는 혼수를 걸치고 마당을 빙글빙글 돌기 시작하네
구두는 발이 반쯤 걸려 따따따각 밤 메아리로 정적을 깨우고
앞산 머리에 달이 뜨면 옷은 질질 끌리고
달 토끼 내려와 마당에 멍석을 깔고 앉아 장단을 맞추면
소녀는 어느새 덩실덩실 춤을 추며 훌쩍 커버리고
저 고개 넘어 걸어오는 숨결
비바람 맞고 천둥소리 들으며
울컥 솟구쳐 오르며 꽃 한 다발 쑥 내미네

그곳에는 붉은색을 좋아하는 고모가 산다네
굽이굽이 진달래 뭉게뭉게 피어있는 그길을
붉은 스카프 두르고 붉은 구두를 신고 간다네
밋밋한 성격의 진달래 다음
영산홍 철쭉, 고모가 시집을 가네

빨래 (시조)

전 순 옥

앞개울 맑은 물에
방망이 두드리며

대가족 많은 빨래
날마다 빨던 시절

앞마당
긴 줄 장대에
내 마음도 널었었지

겨울 해 짧아서
덜 마른 안타까움

세탁기 돌아가는
소리에 멀어 가고

이 순간
보송보송한 빨래
내 허리도 펴진다.

밀림의 계절

전 하 라

손님과 약속이 있어서 이른 퇴근을 한다
전철 의자, 꾸벅 졸다가 눈을 뜨니
빽빽한 밀림, 다리만 보인다
집으로 집으로 향하는 곳
방금 시골로부터 실려온 듯한 원목
하늘하늘한 꽃나무
잘 사포질된 기둥도 보인다
도시로 도시로 이어져 올라왔던 밀림
저 나무들이 도시를 세우고
저 나무들로 인해 역사가 이어져 왔겠지

나무가 꼭 올곧을 필요는 없지
간혹 구부러지고 어깨가 결리더라도
나무는 새둥지를 들이고
매미와 개미를 곁들이며
시나브로 일어나는 풍파를 견딘다

나도 저 울창한 밀림지대에 속한
한 그루의 나무
오늘도 나는 내 계절에 깃든
새들의 안전을 위해
잎사귀를 쉼 없이 펄럭인다

아가씨

정 소 진

아지랑이 아롱아롱 눈부시게 하더니
화단에 봄꽃들이 만발했습니다

여기는 봄마중 버스 정류소입니다
향기 실은 소식이 마음 열게 하는 곳이지요
벙근 입들이 싱그러운 세계로 안내합니다

버스 기다리던 아가씨가 하품을 합니다
고개만 살짝 뒤로 젖히는 모습 상큼하고
가린 손가락 사이로 보이는 입술
목련보다 아리따운 꽃 중의 꽃입니다

버스를 타기 위해
줄지어 기다리는 봄 아씨들
무르익은 파티장으로 가는 길입니다
향기는 그대로 싣고 환승의 기대에 부풉니다

아가씨가 봄에 취해 또 하품을 합니다
이번엔 꽃술 같은 목젖도 살짝 떨립니다

무허가 주택의 비애

정 춘 식

왕방산 해룡산 천보산이 둘러싸인 동네
짓궂은 진눈깨비가 찔끔찔끔 내리는 날이었다
기러기 식구들은 어둑어둑한 밤에
저마다 하나씩 봇짐을 메고 이사를 떠났다
이튿날 아침에 까치 부부가
머리에 눈을 맞으며 우리 집을 찾았다
우선 이사하느라 무척이나 피곤해 보여
나는 녹차를 내주며 앉아 잇으라 했다
어디다 집을 지으면 좋겠느냐는 질문에
잠시 숨을 돌리고 생각해 보자고 했다
까치 부부는 바람이 불어 춥지만
호젓한 전봇대 위에 단독주택을 지었으면 했다
그래서 개천 건너 벚나무 아주머니댁 앞
전봇대를 소개해 주었다
두 부부는 밤낮을 가리지 않고 집을 지었다
그런데 전깃줄에 합선되면 어떻게 하려고 하느냐
지붕을 얹기도 전에 민원이 들어왔다
까치 부부의 보금자리가 공중에서 분해돼
낙엽처럼 산산이 흩날렸다

그들은 철거되는 모습이 보기 싫어
어금니를 질끈 깨물며 마을을 떠나갔다

역

정 현 경

오월의 고운 햇살 쓰담쓰담 볼 부비자
바람에 꽃쌀 일어 이밥 짓는 이팝나무

순백의 봄맞이 하늘
여행길을 찾는다

시간에 발 담근 담쟁이 역장님이
오고가는 바람에 소식을 전하고

간이역 제시간 맞춰
기적소리 울린다

산으로 강으로 끝없는 그 철길
콩깍지 희망들이 신나게 달리는

내 마음 환히 밝히는
행복의 징검다리

바람은 길이다

조 영 래

물결은 호수에 갇히어 잔잔하다
황혼은 말이 두려워 그림자 하나를 던져 놓고
장바닥이 포장을 걷고 침묵한다
맹꽁이는 아스팔트 포장길 건너
생사 고개를 넘어 무엇을 위해
포란(抱卵)은 어디에 숨겨둘까
삶은 비탈지기 일쑤다고 푸념할 따름
습지에 들어앉은 빈 조각배
주인을 잃어버린 채 낡아가고
일렁이는 물결을 따라
정(靜)과 동(動)이 일체가 되어간다
영(靈)과 육(肉)이 자연화되는 길은
저편 사구(砂丘)에 백색 바람을 만나
허공 먼지로 희미해져 가는 길에
사막 모래 쌓이며
너와 나의 꿈이 걸어간다

늦가을 아침 소묘 (시조)

주 명 희

멀어지는 가을의 꽁무니를 잡고 있다
아직은 어둠 가시지 않은 미명의 새벽녘
가로등 불빛이 점점 희미해져 가고 있다

찬바람이 창문을 살며시 두드린다
나무 끝 우듬지에 매달린 나뭇잎 몇 개
떨어져 내리면서도 선물처럼 안겨온다

가물가물 멀어지는 그림자가 길어지고
소멸되는 가을의 끝자락을 붙잡고서
번지는 그리움으로 몸살을 앓고 있다

소양강 봄바람

- The spring wind of River Soyang

- 최기종 작사, 송결 작곡, 금잔디 노래

소양강 봄바람이 나를 유혹하니
내 가슴에 꽃향기 가득하여라
새봄아 소양강아 불타는 내 심정
물결 속에 스며들게 그 가슴 열어다오
아 새봄아 소양강아 봄봄봄 바람에 취한
뜨거운 내 청춘 훨훨 날 수 있게
푸른 가슴 열어다오

소양강 봄바람이 나를 유혹하니
내 가슴에 봄 향기 가득하여라
새봄아 소양강아 뜨거운 내 마음
물결 속에 빠져들게 그 가슴 열어다오
아 새봄아 소양강아 꽃꽃꽃 바람에 취한
뜨거운 내 청춘 훨훨 날 수 있게
푸른 가슴 열어다오

청호동 그곳

최 복 숙

꿈이 모호했던 불확실성의 시대
어부의 이름으로 살아온 바람의 세월
황량한 모래톱 길 따라 서성이던 청춘은 이제 갔다
기억 속 저 너른 바다를 아린 가슴에 담아도
이쯤이면 좋을 것 같아 안주한 파란의 삶 속
남은 건 남루한 육신뿐이었다
가끔은 철새 같은 사랑을 나누며 서글펐던 청호동 그곳

바다 끝 북쪽은 고향일 텐데
긴 한숨 날려봐도 무심한 파도 위 갈매기만 오갈 뿐이다
어느 날 갯마을에 안개 낮게 덮일 때
우웅-우웅- 길 잃은 배를 부르는 등대 소리는
어릴 적 고향에서 부르는 어머님의 소리인 듯한데
고향으로의 회귀는 잊은 채 힘없이 돌아가는 나침반처럼
살아온 반백 년의 정취는 사라져 가고
문명의 이기가 세상을 향해 자리할 즈음
쪽빛 바다 닮아가며 텃새가 되어가는 청호동 그곳

춘분이나 추분이나

최 지 윤

아침엔 0도 낮은 15도
겨울과 여름 사이
밤과 낮의 길이가 같은
춘분이나 추분이나
같은 시간

슬픔도 기쁨도 마음먹기
사랑도 이별도 마음먹기
있고 없음도 마음먹기
어리나 늙으나 마음먹기

오늘도 내일도
똑같은 시간
마음먹기 시간

내 안의 그믐

하 은

아직 진하디진해
그림이 무겁다
안개에 몸을 헹궈보지만
근거리 나무처럼 선명하기만 하다

평생의 염원은
은회색 풍경 한 자락 되는 일
저만큼 물러선 그대로
있는 듯 없는 듯 하늘 떠받드는
여린 나를 만나고 싶다

생의 어둠 조금 덜고
달빛을 입으면 회붐하려나
어느 세월에 말갛게 물 머금은
수묵화 한 점이 될 거나

클릭한다

하 정 자

이별을 하고나서 알았다 이별이란
아픈 단어라는 것을
이, 별 속에서 알았다
이별이 먼 곳에 살고 있다는 것도
이, 별은 먼 곳에서 온다는 것도 알았다
오늘도 이, 별을 찾아 이별을 하고 이, 별 속에 살고 있다
미련은 접히지 않는다
그리움이 자라 숲을 만드는 밤이다
영원한 이별을 하지 못하고 별에게 물어본다
이, 별 속에 언제까지 살아 있을까
문자를 보냈다
이별에게.

구지가

함 문 평

거북아 거북아
머리를 내어라
만약 머리를 내지 않으면
구워서 먹으리

거북아 거북아
공천을 내놓아라
만약 내놓지 못하면
구워서 먹으리

거니야 거니야
공천을 내 놓아라
명 박사 호통에
영선(0選)을 오선(五選)이라는
선물로 오색영롱한 무지개 타고
선물로 내려왔다
에헤야 디야 경사로다
국회부의장이 탄생이다

2025년 제52회 한국스토리문인협회
정기시낭송회 앤솔로지
수도꼭지의 노래

초판발행일 : 2025년 4월 18일
지 은 이 : 전하라 외
홈페이지 : https://cafe.daum.net/yob51

발 행 인 : 김순진
편 집 장 : 전하라
디 자 인 : 김초롱
발 행 처 : 도서출판 문학공원
등 록 : 2004년 3월 9일 제6-706호
전 화 : 02-2234-1666
팩 스 : 02-2236-1666
홈페이지 : https://blog.naver.com/ksj5562
이 메 일 : 4615562@hanmail.net

* 책값은 뒤표지에 있습니다.